KB251467

오늘도 잘 지냈어?

하나님이 내 마음을 노크하는 시간

오늘도 잘 지냈어?

규장

당신의 오늘이
더 특별해졌으면 좋겠어요

오늘 하루는 어떻게 보냈나요? 아침에 일어나서 무슨 일을 했고, 점심은 누구와 먹었어요? 어쩌면 이런 질문이 시시콜콜하게 느껴질지도 모르겠어요. 그저 우리의 평범한 일상일 뿐이니까요.

그런데 그거 아세요? 어제나 오늘이나 별다르지 않은 것 같은 바로 그날들에 하나님이 우리와 함께하셨다는 것을요.

맞아요! 우리는 분명 알고 있어요. 그럼에도 불구하고 세상살이로 너무 바쁜 나머지 주님도 잊고, 주님과 동행하는 것도 잊어버린 채 하루하루를 보내곤 합니다. 주님이 함께하신다는 것만으로도 매일이 참으로 특별한 날들인데 말이에요.

이 책은 '하나님의 질문'에 '우리가 대답하는' 방식으로 이루어져 있어요. 하나님과 대화하며 둘만의 시간을 가지는 거예요. 처음엔 어색할 수도 있지만 하루 5분이라도 꾸준히 대화하려고 노력해보세요.

때로는 뜬금없는 질문에 웃음이 나기도 하고, 허를 찌르는 질문에 회개가 되기도 하며, 말씀을 묵상하는 가운데 차고 넘치는 은혜가 임하는 경험도 하게 될 거예요. 그러다보면 어느새 이 시간이 기다려지게 되고, 주님과 더 가까워지며, 시시때때로 주님과 대화하는 시간들이 더 많아지겠지요.

당신의 오늘이 더 특별해졌으면 좋겠어요.

이 책이 바쁜 당신의 일상을 깨우는 영적 자명종이 되기를…
하나님과 당신의 대화창이 되기를…
그리고 당신이 하나님과 더 친밀해지기를…
그래서 당신의 인생이 하나님으로 가득 채워지기를 바랍니다.
자, 이제 오늘 날짜를 펴고 대화를 시작할까요?

아! 그전에 약속 하나 해주실래요? 이 책을 펼친 이 순간만큼은 하나님과 대화한다고 생각해주세요. 누가 들을까 봐 걱정할 필요도 없어요. 주님과 카톡을 주고받듯 쓰면서 대화하는 것이니까요. 이 시간에는 오로지 주님께만 집중하고 솔직하게 대답하기만 하면 되어요.

365일 매일 주님과 대화하는 이 3년간의 순간들이 소중한
기록으로 남겨져 당신을 반짝반짝 빛나게 해줄 거예요.

하나님께서 당신의 마음을 두드리고 계세요.

"오늘도 잘 지냈어?"

 **주님과의 대화법**

- 하나님께만 집중하며 오늘의 날짜를 폅니다.

- 하나님의 질문을 읽고 잠시 생각해봅니다.

  말씀이 나올 때는 말씀을 묵상합니다.

- 그해의 연도를 적고 빈칸을 주님과의 대화로 채워나갑니다.

- 3년간 기록해보면 주님과의 친밀함이 느껴집니다.

자, 이제 주님과 대화할 준비가 되었나요? Let's go!

아침에 일어나자마자 무슨 생각을 했어?

20

20

20

아침에 일어나자마자 무슨 생각을 했어?

최근에 나에게 섭섭했던 적 있었니?

20

20

20

최근에 나에게 섭섭했던 적 있었니?

나를 떠올리면 어떤 단어가 생각나?

20

20

20

올해의 말씀을 쓰면서
결단하는 시간을 가져보렴.

20

20

20

지금까지 벌어놓은 재산을
전부 봉헌하라고 하면 어떻게 할래?

20

20

20

살아 있어서 참 다행이라고
느껴졌을 때가 있었니?

20

20

20

내가 곧 길이요 진리요 생명이니
나로 말미암지 않고는
아버지께로 올 자가 없느니라 요 14:6

20

20

20

인생에서 가장 필요한 것
세 가지가 뭘까?

20

20

20

누군가 네 잘못을 지적하면
어떻게 반응하는 편이야?

20

20

20

누군가 네 잘못을 지적하면
어떻게 반응하는 편이야?

1년 후에 어떻게 변했으면 좋겠어?

20

20

20

1년 후에 어떻게 변했으면 좋겠어?

만약 구약시대로 타임슬립 한다면 뭐 하고 싶어?

20

20

20

요즘 뭘 할 때 기분이 제일 좋아?

20

20

20

요즘 뭘 할 때 기분이 제일 좋아?

나를 위해 과감히 포기했던 일은 뭐였어?

20

20

20

너는 마음을 다하여 여호와를 신뢰하고
네 명철을 의지하지 말라 잠 3:5

20

20

20

친구나 가족에게
미안한 마음이 들었던 적 있어?

20

20

20

사람들에게 믿음이 좋은 척,
잘 사는 척한 때가 있었지?

20

20

20

사람들에게 믿음이 좋은 척,
잘 사는 척한 때가 있었지?

한 달간 휴가가 생기면 뭘 하고 싶어?

20

20

20

 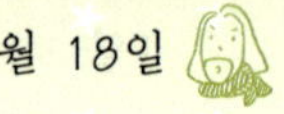

지금 문득 생각나는 사람이 있어?
그 사람이 왜 생각났을까?

20

20

20

지금 문득 생각나는 사람이 있어?
그 사람이 왜 생각났을까?

내 형상대로 너를 만들었는데, 마음에 들어?
어떤 모습이 제일 좋아?

20

20

20

내 형상대로 너를 만들었는데, 마음에 들어?
어떤 모습이 제일 좋아?

땅에서 풀면 하늘에서도 풀린단다.
지금 묶여 있는 것이 있니?

20

20

20

여호와는 나의 요새이시요
나의 하나님은 내가 피할 반석이시라 시 94:22

20

20

20

예수를 닮기 위해 노력하는 것이 있니?

20

20

20

예수를 닮기 위해 노력하는 것이 있니?

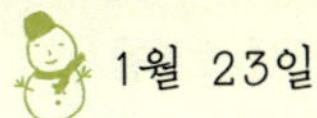 1월 23일

크리스천이 술, 담배를 하는 것에 대해
어떻게 생각해?

20

20

20

1월 23일

크리스천이 술, 담배를 하는 것에 대해
어떻게 생각해?

지금까지 살면서 가장 잘못했던 일은 뭐야?

20

20

20

지금까지 살면서 가장 잘못했던 일은 뭐야?

좋아하는 사람에게 선물을 한다면
뭘 주고 싶어?

20

20

20

용서하지 못하고 마음에 담아둔 일들이 있니?

20

20

20

너에게 가장 큰 영향을 주는 사람은 누구야?

20

20

20

너희는 천지를 지으신 여호와께
복을 받는 자로다 시 115:15

20

20

20

너희는 천지를 지으신 여호와께
복을 받는 자로다 시 115:15

친구들 중에 불신자가 있니?
그들과 어떻게 지내?

20

20

20

다른 사람과 자신을 비교해서
절망한 적 있어?

20

20

20

언제 시간이 멈췄으면 좋겠다고 생각해?

20

20

20

언제 시간이 멈췄으면 좋겠다고 생각해?

우리는
주님이
늘
우리와
함께하신다는
것을
모르고 산다.

가장 신뢰하는 사람이 누구야?

이유가 뭐야?

20

20

20

평소 "기도할게" 하며 인사하는데,
정말 그 사람을 위해 기도했니?

20

20

20

평소 "기도할게" 하며 인사하는데,
정말 그 사람을 위해 기도했니?

내가 새 일 행할 것을 진짜 믿고 있어?

20

20

20

너는 부모님의 어떤 점을 닮은 것 같아?

20

20

20

모든 입으로 예수 그리스도를 주라 시인하여
하나님 아버지께 영광을 돌리게 하셨느니라 빌 2:11

20

20

20

내가 갑자기 너를

오지의 어느 사역지로 보내면 어떻게 할래?

20

20

20

말씀을 볼 때 찔리는 성경 구절이 있니?

20

20

20

내가 저절로 생각날 때가 언제야?

20

20

20

기도 응답이 되지 않아서
마음이 어려운 적 있었어?

20

20

20

2월 9일

기도 응답이 되지 않아서
마음이 어려운 적 있었어?

크리스천이 아닌 사람들이
더 부유한 모습을 보면 어떤 마음이 들어?

20

20

20

너에게 '사랑'은 어떤 의미야?

20

20

20

콤플렉스가 있어?

20

20

20

천국 오기 직전에 뭘 하고 있을 것 같아?

20

20

20

천국 오기 직전에 뭘 하고 있을 것 같아?

내게 구하라 내가 이방 나라를 네 유업으로 주리니
네 소유가 땅 끝까지 이르리로다 시 2:8

20

20

20

2월 15일

내가 준 달란트를 잘 알고 있니?

20

20

20

사회생활 할 때 크리스천이라는 사실이
불편하기도 했어?

20

20

20

예전으로 돌아가고 싶다는 생각이 들기도 해?

20

20

20

아침에 일어났는데 새로운 능력이 생겼다면,
그게 무엇이면 좋겠어?

20

20

20

'아, 이건 정말 하나님의 뜻이야' 하고
느꼈던 적이 있니?

20

20

20

안 좋은 일이 일어날 것만
같은 날이 있어?

20

20

20

너는 두려워하지 말라
내가 너를 구속하였고 내가 너를 지명하여 불렀나니
너는 내 것이라 사 43:1

20

20

20

크리스천으로서 세상과 다르게 살기 위해 노력하고 있어?

20

20

20

돈이나 권력에 욕심이 있는 것 같아?
왜 그럴까?

20

20

20

다른 사람들이 너에 대해 오해하거나
다르게 보는 경우가 있어?

20

20

20

인생이 즐겁다고 느끼는 때가 언제니?

20

20

20

인생이 즐겁다고 느끼는 때가 언제니?

조금 손해 보더라도
참고 견딘 적이 있었어?

20

20

20

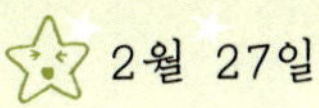

아는 사람이 죽었다는 소식을 들었을 때
어떤 마음이 들어?

20

20

20

우리가 믿는 도리의 사도이시며 대제사장이신
예수를 깊이 생각하라 히 3:1

20

20

20

우리가 믿는 도리의 사도이시며 대제사장이신
예수를 깊이 생각하라 히 3:1

지금 간절히 바라는 게 있니?

20

20

20

지금 간절히 바라는 게 있니?

주일에 함께 여행을 가자는 친구의 부탁을
단호히 거절할 수 있겠니?

20

20

20

앞날이 걱정될 때가 있어?

왜 그런 것 같아?

20

20

20

들으면 들을수록 참 좋은 말은?

20

20

20

성경 인물들 중에
너랑 가장 닮은 것 같은 사람이 누구야?

20

20

20

주님의 자녀답게 사는 것이 뭔지 생각해봤어?

20

20

20

영접하는 자 곧 그 이름을 믿는 자들에게는
하나님의 자녀가 되는 권세를 주셨으니 요 1:12

20

20

20

나를 처음 만난 그날을 기억해?

20

20

20

나를 처음 만난 그날을 기억해?

기독교에 거부 반응을 보이는
친구들을 만났을 때 어떻게 행동해?

20

20

20

최근 기도 제목들 중에
가장 간절한 세 가지만 말해보렴.

20

20

20

오늘 당장 죽는다면 뭐 할 거야?

20

20

20

3월 11일

오늘 당장 죽는다면 뭐 할 거야?

불교, 가톨릭, 이슬람교 등
다른 종교에 대해서 어떻게 생각해?

20

20

20

오늘 너를 가장 웃게 한 건 뭐였어?

20

20

20

오늘 너를 가장 웃게 한 건 뭐였어?

우리가 살아도 주를 위하여 살고
죽어도 주를 위하여 죽나니
그러므로 사나 죽으나 우리가 주의 것이로다 롬 14:8

20

20

20

내가 선물한 오늘 하루, 어땠어?

20

20

20

너무 늦었다고 생각해서
포기한 일들이 있니?

20

20

20

타로카드나 오늘의 운세를 본 적 있어?
친구들이 재미 삼아 하자고 하면 어떻게 할래?

20

20

20

너는 사람들에게

어떤 사람으로 기억되고 싶어?

20

20

20

너는 범사에 그를 인정하라
그리하면 네 길을 지도하시리라 잠 3:6

20

20

20

최근 걱정하고 있는 일이 있다면
고백해보렴.

20

20

20 

어디에 돈을 가장 많이 쓰니?

20

20

20

어디에 돈을 가장 많이 쓰니?

말씀의 능력을 경험해봤어?

그때가 언제야?

20

20

20

모든 사람과 더불어 화목하면 좋겠거든,
사람들과 잘 지내고 있어?

20

20

20

생각만 해도 기쁘고 행복한 것이 있어?

20

20

20

주변에 이혼하는 친구들을 보면
어떤 마음이 들어?

20

20

20

주변에 이혼하는 친구들을 보면
어떤 마음이 들어?

언제 하루가

지루하고 따분하다고 느껴?

20

20

20

예배드릴 때 딴생각 한 적 있지?
어떤 일 때문이었어?

20

20

20

아무것도 염려하지 말고
다만 모든 일에 기도와 간구로,
너희 구할 것을 감사함으로 하나님께 아뢰라 빌 4:6

20

20

20

선의의 거짓말을 한 적 있니?
이유가 뭐였어?

20

20

20

나이가 들면서 후회되는 일은?

20

20

20

이번 주에 무슨 생각을 하며 지냈어?

20

20

20

주님과 동행하기,
다이어트처럼 할 겁니까?

신앙생활 하면서 가장 힘든 일이 뭐야?

20

20

20

신앙생활 하면서 가장 힘든 일이 뭐야?

사람들을 만났을 때
자주 듣는 질문이 있어?

20

20

20

사람들을 만났을 때
자주 듣는 질문이 있어?

4월 3일

20

20

20

오늘은 믿음의 결단을 해볼까?

기간을 정해도 좋아. 예) 미디어 금식 일주일

20

20

20

해보고 싶은 일이 있어?
주저하는 이유는 뭐지?

20

20

20

너는 내게 부르짖으라
내가 네게 응답하겠고 네가 알지 못하는
크고 은밀한 일을 네게 보이리라 렘 33:3

20

20

20

전철에서 누군가 시비를 걸어오면
어떻게 할 것 같아?

20

20

20

전철에서 누군가 시비를 걸어오면
어떻게 할 것 같아?

인생의 목표가 뭐야?

20

20

20

나를 처음 만났을 때와 지금을 비교하면
어떻게 다른 것 같아?

20

20

20

네 자신을 십자가에 못 박았니?

그렇지 않다고 느껴질 때가 있어?

20

20

20

네 자신을 십자가에 못 박았니?

그렇지 않다고 느껴질 때가 있어?

내가 네 앞에 나타나면
제일 먼저 무슨 얘기를 하고 싶어?

20

20

20

새날 새 아침이 시작되는데,
오늘 아침은 어떤 마음으로 시작했어?

20

20

20

어떤 마음으로 주일을 맞이해?
교회에 의무적으로 나갈 때도 있니?

20

20

20

어떤 마음으로 주일을 맞이해?
교회에 의무적으로 나갈 때도 있니?

베드로도 세 번이나 나를 부인했어.
고백과 다르게 행동한 적 있어?

20

20

20

이것만은 타협하지 않겠다고 결단한 것은?

20

20

20

나는 부활이오 생명이니 나를 믿는 자는 죽어도 살겠고
무릇 살아서 나를 믿는 자는 영원히 죽지 아니하리니
이것을 네가 믿느냐 요 11:25

20

20

20

설레고 떨리게 하는 것이 있어?

20

20

20

감정에 치우쳐서
내 뜻을 몰랐을 때가 있었니?

20

20

20

사람이 떡으로만 살 것이 아니라
말씀으로 살아야 하는데, 오히려 반대로 살지 않았니?

20

20

20

너의 매력이 뭐라고 생각해?

20

20

20

너의 매력이 뭐라고 생각해?

네 길을 여호와께 맡기라
그를 의지하면 그가 이루시고 시 37:5

20

20

20

4월 21일

네 길을 여호와께 맡기라
그를 의지하면 그가 이루시고 시 37:5

영적 리더를 위해 기도하고 있니?
오늘은 목회자를 위해 기도하렴.

20

20

20

나이가 들면 어떤 것을 제일 해보고 싶어?

20

20

20

나이가 들면 어떤 것을 제일 해보고 싶어?

수군수군하는 것도, 교만도, 자랑도 죄인데(롬 1:28-32),
네 죄를 정확히 알고 있니?

20

20

20

수군수군하는 것도, 교만도, 자랑도 죄인데(롬 1:28-32),
네 죄를 정확히 알고 있니?

누군가를 부러워한 적 있니?
어떤 게 부러웠어?

20

20

20

지금까지 살면서 가장 잘했다고
생각하는 것이 있어?

20

20

20

최근에 스트레스 받는 일은 어떤 일이었어?

20

20

20

지금 이 책을 덮고 나서
무엇을 할 생각이야?

20

20

20

여호와여 아침에 주께서 나의 소리를 들으시리니
아침에 내가 주께 기도하고 바라리이다 시 5:3

20

20

20

변하고 싶다고 생각한 적 있었어?

20

20

20

아직도 전쟁, 가난으로 고통받는 나라들이 많아.
오늘만큼은 한 나라를 정해서 기도해보렴.

20

20

20

사람들에게 인정받지 못했을 때
어떤 마음이었어?

20

20

20

성경에서 좋아하는 인물이 있어?
그 인물을 왜 좋아해?

20

20

20

나를 사랑하는 이유
세 가지만 말해줄래?

20

20

20

사는 게 참 힘들지?
최근에 가장 큰 고민이 뭐야?

20

20

20

무릇 하나님의 영으로 인도함을 받는 사람은
곧 하나님의 아들이라 롬 8:14

20

20

20

신앙이 있어서 좋은 점이 뭐라고 생각해?

20

20

20

신앙이 있어서 좋은 점이 뭐라고 생각해?

엄마, 아빠가 자랑스럽다고
느껴졌을 때가 있었어?

20

20

20

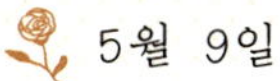 5월 9일

네게 있는 것이 부족하다고 생각해?
넘친다고 생각해?

20

20

20

너는 종종 무엇을 통해
나를 발견하곤 하니?

20

20

20

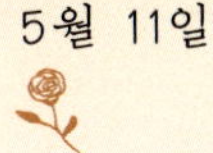

주일에 예배를 드리면서
가장 기억에 남는 설교 말씀이 있었어?

20

20

20

외모로 사람을 평가했다가
완전히 다르다고 느낀 적이 있었니?

20

20

20

외모로 사람을 평가했다가
완전히 다르다고 느낀 적이 있었니?

너를 두렵게 하거나
불안하게 만드는 것은 뭐니?

20

20

20

여호와는 그 얼굴을 네게로 향하여 드사
평강 주시기를 원하노라 할지니라 하라 민 6:26

20

20

20

살면서 가장 중요한 것이 뭐라고 생각해?

20

20

20

게임, 책, 컴퓨터 등 내가 만들었지만,
오늘 그것 때문에 나를 잊지는 않았니?

20

20

20

가족을 위한 기도 제목이 있니?

20

20

20

오늘 너에게 꼭 필요한 기적은 뭘까?

20

20

20

자신이 대견하다고 느꼈을 때가 있었니?

20

20

20

주께서 생명의 길을 내게 보이시리니
주의 앞에는 충만한 기쁨이 있고
주의 오른쪽에는 영원한 즐거움이 있나이다 시 16:11

20

20

20

나를 생각했을 때 떠오르는 단어가 있어?
5가지만 말해줘.

20

20

20

기도하느라 말씀 읽는 데 소홀하거나,
말씀을 보느라 기도에 소홀하지는 않았니?

20

20

20

선명하게 기억나는 꿈이 있어?
어떤 꿈을 꿨어?

20

20

20

친구들에게 좋은 영향을 받은 적은?

20

20

20

겸손이 지나쳐 자책하거나
정죄한 적은 없었어?

20

20

20

강하고 담대하라 두려워하지 말며 놀라지 말라
네가 어디로 가든지 네 하나님 여호와가
너와 함께하느니라 수 1:9

20

20

20

강하고 담대하라 두려워하지 말며 놀라지 말라
네가 어디로 가든지 네 하나님 여호와가
너와 함께하느니라 수 1:9

마음과 다르게 행동한 적이 있었니?
왜 그랬어?

20

20

20

밤에 길을 가는데 어떤 사람이 쓰러져 있다면
어떻게 할래?

20

20

20

어떤 사람이 되고 싶어?

20

20

20

영적인 침체가 왔을 때
어떤 마음이 들었어?

20

20

20

사람들 말에 일희일비하는 편이야?
특히 어떤 부분에서 그래?

20

20

20

우리는
주님의 뜻을
알려고
하지도 않으면서
주님께
이해해달라고만 한다.

최근에 가장 큰 이슈는 뭐였어?

20

20

20

어렵고 왠지 꺼려지는 사람과
잘 지내기 위해 오늘 뭔가 시도해본다면?

20

20

20

가장 좋아하는 성경 구절이 뭐야?

20

20

20

성령의 임재를 깊이 경험해본 적 있니?

20

20

20

성령의 임재를 깊이 경험해본 적 있니?

나의 힘이신 여호와여
내가 주를 사랑하나이다 시 18:1

20

20

20

현재 너를 가장 웃게 만드는 사람이 누구야?

20

20

20

죽기까지 복음을 전할 수 있겠니?
순교에 대해 어떻게 생각해?

20

20

20

네 인생을 한 단어로 표현한다면?

20

20

20

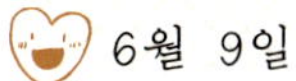 6월 9일

오랫동안 간직하고 싶은 기억이 있어?

20

20

20

지금까지 만난 사람들 중에
내가 가장 필요한 사람이 누구였어?

20

20

20

가장 인상 깊게 읽은 신앙서적이 뭐야?

20

20

20

이것만은 타협하지 않으려고 했지만,
결국 타협했던 경우는?

20

20

20

나에게 듣고 싶은 말이 있어?

20

20

20

여호와는 네게 복을 주시고
너를 지키시기를 원하며 민 6:24

20

20

20

내가 창조한 것들 중에
새삼 신기하다고 느낀 것이 있어?

20

20

20

유명해지고 싶다고 생각한 적 있어?

어떻게 되고 싶은데?

20

20

20

뉴스에서 종종 자살 소식을 접할 때
어떤 마음이 들어?

20

20

20

나이를 먹으면서 어떤 점이 좋은 것 같아?

20

20

20

친구에게 상처받은 적 있었어?

20

20

20

혹시··· 나보다 더 사랑하는 것들이 있니?

20

20

20

혹시··· 나보다 더 사랑하는 것들이 있니?

나를 사랑하는 자들이 나의 사랑을 입으며
나를 간절히 찾는 자가 나를 만날 것이니라 잠 8:17

20

20

20

지금 당장 하고 싶은 일이 있어?

20

20

20

지금 당장 하고 싶은 일이 있어?

평소 어떤 말을 자주 해?
욕이나 부정적인 말을 하지는 않니?

20

20

20

오늘은 뭘 위해 기도하고 싶니?

20

20

20

너에게 힘이 되는 성경 말씀은 뭐야?

20

20

20

너에게 힘이 되는 성경 말씀은 뭐야?

지금 너는 성공했다고 생각해?
성공과 실패의 기준이 뭘까?

20

20

20

네 욕심을 채우려고 모른 척하거나
고집을 부린 적이 있니?

20

20

20

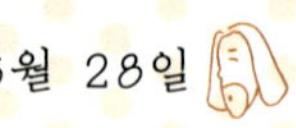

여호와여 멀리 하지 마옵소서
나의 힘이시여 속히 나를 도우소서 시 22:19

20

20

20

나는 누구보다 너를 사랑해.
너는 네 자신을 사랑하고 있니?

20

20

20

거짓말 한 적 있어?
그렇다면 어서 고백해보렴.

20

20

20

최근에 가장 재밌었던 일이 뭐야?

20

20

20

'주님이 빨리 오시면 좋겠어!'라고 생각한 적 있지?
그렇다면 준비된 자로 살아가고 있니?

20

20

20

7월 3일

너는 가난하다고 생각해?
부유하다고 생각해?

20

20

20

하고 싶지 않은데
억지로 해야 하는 일이 있니?

20

20

20

결혼에 대해 어떻게 생각해?
내 생각은 어떤 거 같아?

20

20

20

통일에 대한 소원함이 있니?
오늘은 통일을 위해 기도해보렴.

20

20

20

우리가 알거니와 하나님을 사랑하는 자
곧 그의 뜻대로 부르심을 입은 자들에게는
모든 것이 합력하여 선을 이루느니라 롬 8:28

20

20

20

겁 없이 무모하게 도전했던 일이 뭐였어?

20

20

20

네가 살아가는 이유가 뭐라고 생각해?

20

20

20

만약 신약시대로 타임슬립 한다면
뭐하고 싶어?

20

20

20

자주 부르는 찬양이 있어?
그 찬양이 왜 좋아?

20

20

20

억울한 일을 당한 적이 있니?

20

20

20

억울한 일을 당한 적이 있니?

부정적으로 생각했던 사람이나 일에서

감사할 것들을 찾아보렴.

20

20

20

내게 능력 주시는 자 안에서
내가 모든 것을 할 수 있느니라 빌 4:13

20

20

20

'메시아'로 삼행시를 지어줄래?

20

20

20

'메시아'로 삼행시를 지어줄래?

누군가를 탓하거나
그 사람에게 책임을 돌린 적이 있어?

20

20

20

7월 17일

너에게 가족은 어떤 의미야?

20

20

20

믿음이 자라나도록

지금 어떤 노력을 하고 있어?

20

20

20

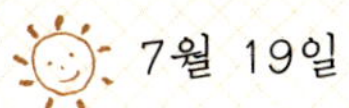

그 누구에게도 말 못한 이야기가 있니?
내게 말해줄 수 있어?

20

20

20

여호와는 그의 얼굴을 네게 비추사
은혜 베푸시기를 원하며 민 6:25

20

20

20

'이 길로 가는 게 맞나' 하고 고민한 적 있니?

20

20

20

'이 길로 가는 게 맞나' 하고 고민한 적 있니?

꼭 한번 다시 만나고 싶은 사람이 있어?
그 사람에게 어떤 말을 해주고 싶어?

20

20

20

길에서 이단이 접근해 오면
어떻게 반응해?

20

20

20

누군가와 비교당했던 적이 있었니?
그때 마음이 어땠어?

20

20

20

오래오래 계속하고 싶은 일은?

20

20

20

부모에게 상처받은 일이 있어?

20

20

20

부모에게 상처받은 일이 있어?

또 여호와를 기뻐하라 그가 네 마음의 소원을
네게 이루어 주시리로다 시 37:4

20

20

20

너의 기쁨이 곧 나의 기쁨이란다.
오늘 가장 기뻤던 일이 뭐였어?

20

20

20

자기 잘못을 인정하지 못하고
합리화한 적이 있다면?

20

20

20

요즘에 제일 갖고 싶은 것은 뭐야?

20

20

20

위로해주고 싶은 친구가 있니?
어떤 방법이 좋을까?

20

20

20

언제 어디서든
고개만 돌리면
주님이 계시는데
왜 몰랐을까?

그리스도인이라서 감사한 적이 있니?

20

20

20

나와 함께하는 2박3일 여행 계획을 세운다면,
어디로 가고 싶어?

20

20

20

주변에 우상처럼 여기는 것이 있는지
잘 살펴보렴.

20

20

20

어떻게 사는 것이 잘 사는 걸까?
너는 잘 살고 있다고 생각해?

20

20

20

나의 사랑하는 자가 내게 말하여 이르기를
나의 사랑, 내 어여쁜 자야 일어나서 함께 가자 아 2:10

20

20

20

8월 5일

나의 사랑하는 자가 내게 말하여 이르기를
나의 사랑, 내 어여쁜 자야 일어나서 함께 가자 아 2:10

너는 무엇을 할 때 가장 즐겁니?

20

20

20

너는 무엇을 할 때 가장 즐겁니?

최근에 화를 낸 적이 있었어?
화가 난 이유가 뭐야?

20

20

20

'하늘에서 돈이 뚝 떨어졌으면 좋겠다'
생각한 적 있지? 그 돈으로 뭐 하고 싶어?

20

20

20

태어나서 지금까지
제일 잘했다고 생각한 일이 뭐야?

20

20

20

십자가 하면
어떤 것이 먼저 떠올라?

20

20

20

믿음의 주요 또 온전하게 하시는 이인
예수를 바라보자 히 12:2

20

20

20

외롭다고 느낄 때가 있어?
언제 그런 생각이 들어?

20

20

20

지금의 삶에 만족해?

20

20

20

영적으로나 육적으로 건강하다고 생각해?
그것을 위해 무엇을 해야 할까?

20

20

20

당연하다고 느끼는 것들에서
감사거리를 찾아보렴.

20

20

20

유언으로 어떤 말을 남기고 싶어?

20

20

20

여름이 되면 특별히 하고 싶은 일이 있었어?

20

20

20

여름이 되면 특별히 하고 싶은 일이 있었어?

너에게 가장 고마운 사람은 누구야?
어떤 점이 고마워?

20

20

20

수고하고 무거운 짐 진 자들아 다 내게로 오라
내가 너희를 쉬게 하리라 마 11:28

20

20

20

오늘은 뭐하면서 지냈어?

20

20

20

오늘은 뭐하면서 지냈어?

너희 가정에 어떤 문제가 있니?

20

20

20

너희 가정에 어떤 문제가 있니?

오늘 네가 했던 부정적인 생각은 뭐였어?

20

20

20

단 하나의 소원만 이루어진다면,
어떤 소원을 말할래?

20

20

20

주위 시선 때문에 식사 기도를 생략했거나
그리스도인이라는 것을 숨긴 적 없었니?

20

20

20

존경하는 믿음의 선배가 있다면?

20

20

20

너희 중에 누구든지 지혜가 부족하거든
모든 사람에게 후히 주시고 꾸짖지 아니하시는
하나님께 구하라 그리하면 주시리라 약 1:5

20

20

20

8월 27일

최근에 마음이 아팠던 적이 있었어?

20

20

20

사람, 물건, 상황 등
네 기분을 크게 좌우하는 것은 무엇이니?

20

20

20

여행을 다니면서 가장 좋았던 곳이 있었어?
그곳이 왜 좋았어?

20

20

20

내가 너를 사랑한다는 것을 언제 느껴?

20

20

20

내가 너를 사랑한다는 것을 언제 느껴?

술직히 대답해줄래?

지금 너는 정말 나 하나만으로 충분하니?

20

20

20

"아멘" 했지만 지키지 못한 말씀은 뭐였어?

20

20

20

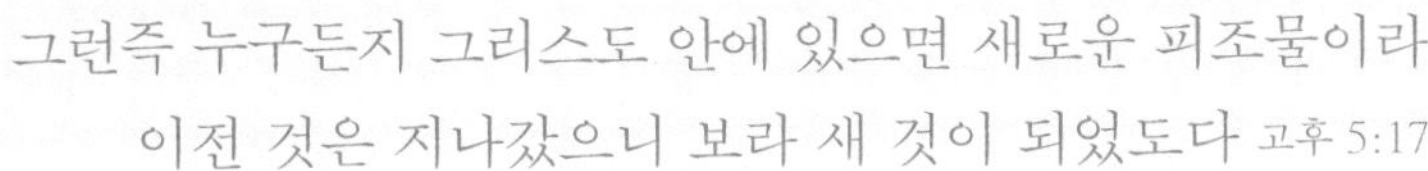

그런즉 누구든지 그리스도 안에 있으면 새로운 피조물이라
이전 것은 지나갔으니 보라 새 것이 되었도다 고후 5:17

20

20

20

네 자신이 가장 멋져 보일 때가 언제였어?

20

20

20

지금보다 더 나은 삶을 꿈꾸니?
어떤 꿈을 꾸고 있니?

20

20

20

불행하다고 느낀 적이 있니?
왜 그렇게 느꼈어?

20

20

20

네가 좋아하는 것들이
신앙생활에 어떤 영향을 주고 있어?

20

20

20

구하라 그리하면 너희에게 주실 것이요
찾으라 그리하면 찾아낼 것이요
문을 두드리라 그리하면 너희에게 열릴 것이니 마 7:7

20

20

20

9월 8일

너무 소중해서
오랫동안 지키고 싶은 것이 있니?

20

20

20

내 힘으로는 안 된다는 것을
느꼈던 적이 있어?

20

20

20

갑작스런 교통사고로 팔 다리를 잃는다면
어떨 것 같아?

20

20

20

너에게 교회는 어떤 곳이니?

20

20

20

9월 12일

두려웠지만 용기를 내본 일이 있어?

20

20

20

너희 염려를 다 주께 맡기라
이는 그가 너희를 돌보심이라 벧전 5:7

20

20

20

남자(여자)로 태어나고 싶었던 적은?

20

20

20

남자(여자)로 태어나고 싶었던 적은?

오늘은 어떤 일에 감사했어?

20

20

20

네가 아프거나 사고를 당했을 때
제일 먼저 달려와줄 사람은 누구일까?

20

20

20

정말 힘들었을 때 어떻게 극복해나갔어?

20

20

20

매번 같은 문제로 고민하는 것이 있니?

20

20

20

매번 같은 문제로 고민하는 것이 있니?

나를 의지하지 않고 혼자 해보려다가
좌절한 적 있었지?

20

20

20

나 곧 나는 여호와라
나 외에 구원자가 없느니라 사 43:11

20

20

20

내가 창조한 이 세상 중에
꼭 가보고 싶은 곳이 있니?

20

20

20

내가 창조한 이 세상 중에
꼭 가보고 싶은 곳이 있니?

'예수님 안 믿었으면 큰일 날 뻔했네' 하고
생각했던 적이 있었어?

20

20

20

나를 바라보는 데 방해가 되는 것은 뭐니?

20

20

20

9월 24일

너 지금 행복하니?
뭐 때문에 제일 행복해?

20

20

20

기도해보지 않고
'어차피 안 들어주시겠지' 하고 생각한 적 있지?

20

20

20

너만의 버킷리스트 5가지를 작성해보렴.

20

20

20

네 의지와 상관없이
친구들에게 나쁜 영향을 받았던 적 있어?

20

20

20

나를 눈동자같이 지키시고
주의 날개 그늘 아래에 감추사 시 17:8

20

20

20

네 모습 중에 마음에 안 드는 곳이 있다면?

20

20

20

네 모습 중에 마음에 안 드는 곳이 있다면?

스마트폰으로 가장 많이 하는 일이 뭐야?

20

20

20

스마트폰으로 가장 많이 하는 일이 뭐야?

내
힘으로
하면
힘만 들 뿐

아무것도 할 수 없다.

오늘 너는 어떤 생각에 빠져 있었어?
내 생각을 하기는 했니?

20

20

20

최근에 영적 공격이라고 느꼈던 일이 있었어?

20

20

20

복음을 전하다가
"당신은 왜 믿나요?" 라는 질문을 받았다면?

20

20

20

마음이 어려울 때 가장 먼저 하는 일이 뭐야?

20

20

20

10월 5일

돈 주고도 살 수 없다고
생각하는 것들이 있니?

20

20

20

나를 어떻게 표현하고 싶어?

예) 하나님은 사랑이시다.

20

20

20

나를 어떻게 표현하고 싶어?

예) 하나님은 사랑이시다.

그러나 이 모든 일에
우리를 사랑하시는 이로 말미암아
우리가 넉넉히 이기느니라 롬 8:37

20

20

20

혼자 있고 싶다고 느낄 때가 있어?

20

20

20

혼자 있고 싶다고 느낄 때가 있어?

오늘 묵상한 성경 구절은 뭐야?

20

20

20

지금까지 일어난 일들 중에
너를 변화시킨 놀라운 사건은 뭐야?

20

20

20

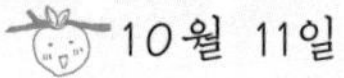 10월 11일

문제를 회피하고 싶을 때
어떻게 하는 편이야?

20

20

20

영적인 뜨거움이 있니?

20

20

20

최근에 내 뜻이 아닌 것을 알지만
모른 척했던 적이 있었니?

20

20

20

모든 겸손과 온유로 하고 오래 참음으로
사랑 가운데서 서로 용납하고 엡 4:2

20

20

20

오늘 기분이 어때?
하늘 한 번 바라보렴.

20

20

20

죽고 싶다고 생각한 적 있었니?

왜 그런 생각을 했어?

20

20

20

죽고 싶다고 생각한 적 있었니?

왜 그런 생각을 했어?

최근에 네가 결정한 일이 뭐였어?
모든 주권을 내게 맡겼다고 생각해?

20

20

20

사람들을 처음 만났을 때
제일 먼저 무엇을 봐?

20

20

20

내 안에서 누리는 자유를 맛본 적이 있니?

20

20

20

요즘 너를 힘들게 하는 사람은 누구야?

20

20

20

이 하나님은 영원히 우리 하나님이시니
그가 우리를 죽을 때까지 인도하시리로다 시 48:14

20

20

20

나를 만나고 어떤 점이 달라진 것 같아?

20

20

20

지우개로 지울 수 있다면,
지우고 싶은 기억이 있니?

20

20

20

교회 안에서 좋지 않은 일들이
일어나는 것에 대해 어떻게 생각해?

20

20

20

오늘 점심 메뉴는 뭐였어?
오늘의 말씀도 한 구절 먹어볼까?

20

20

20

천국에 와서 하고 싶은 것이 뭐야?

20

20

20

‘나는 안 돼’ 하는 생각에
괴로웠던 적이 있어?

20

20

20

‘나는 안 돼’ 하는 생각에
괴로웠던 적이 있어?

내 눈이 항상 여호와를 바라봄은
내 발을 그물에서 벗어나게 하실 것임이로다 시 25:15

20

20

20

올해의 말씀을 기억하지?

그 말씀 따라 살려고 노력했니?

20

20

20

요즘에 가장 기쁘고 감사한 일이 뭐니?

20

20

20

다른 사람들의 믿음이 좋은지 나쁜지
판단하고 있지는 않니?

20

20

20

세상의 빛과 소금이 되라는 의미를
잘 알고 있니?

20

20

20

기도가 잘 안 될 때 어떻게 해?

20

20

20

나는 인애를 원하고 제사를 원하지 아니하며
번제보다 하나님을 아는 것을 원하노라 호 6:6

20

20

20

나는 인애를 원하고 제사를 원하지 아니하며
번제보다 하나님을 아는 것을 원하노라 호 6:6

네 진짜 꿈은 뭐야?

20

20

20

지금 후회하는 것이 있니?

20

20

20

방언, 환상, 예언에 대해 어떻게 생각해?
거부하거나 무시하며 살지는 않니?

20

20

20

11월 6일

어제 잠들기 전에 마지막으로 한 일은 뭐야?

20

20

20

너는 나를 도장같이 마음에 품고
도장같이 팔에 두라 아 8:6

20

20

20

요즘 누군가를 위해 기도하는 사람이 있어?

20

20

20

너무 힘들어서
다 포기하고 싶었던 적 있었어?

20

20

20

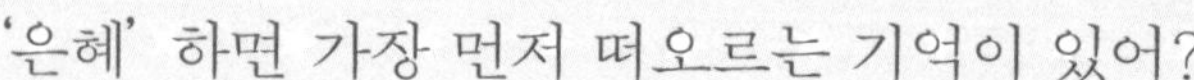

'은혜' 하면 가장 먼저 떠오르는 기억이 있어?

20

20

20

나에게 애칭을 붙여준다면
어떤 이름이 좋겠어?

20

20

20

교회가 사회로부터 비난받는 것에 대해
어떻게 생각해?

20

20

20

오직 그만이 나의 반석이시오
나의 구원이시요 나의 요새이시니
내가 크게 흔들리지 아니하리로다 시 62:2

20

20

20

지금까지 가장 슬펐을 때가 언제였어?

20

20

20

최근에 승리의 기쁨을 누려본 적이 있니?

20

20

20

'이쯤 되면 달라질 줄 알았는데…'라고
생각한 적 있어? 뭐가 달라질 것 같았어?

20

20

20

죽기 전에 나를 위해
꼭 하고 싶은 일이 있어?

20

20

20

반복적으로 죄를 짓거나
계속 무너지는 영역이 있니?

20

20

20

다윗은 시를 지어 나를 찬양했지!
나를 위해 라임에 맞춰 짧은 시 한 수 지어줄래?

20

20

20

너는 여호와를 기다릴지어다
강하고 담대하며
여호와를 기다릴지어다 시 27:14

20

20

20

네가 소중하게 여기는
세 가지를 말해보겠니?

20

20

20

나는 늘 네 곁에 있단다.
그런데도 멀리 있는 것처럼 느껴질 때가 있었어?

20

20

20

그동안 깨닫지 못했던
행복 한 가지를 찾아보렴.

20

20

20

마음대로 살고 싶었던 적이 있었어?

20

20

20

믿음이 뭐라고 생각해?

20

20

20

고난이 유익이라는 것을 진짜 믿고 있니?

20

20

20

그러므로 내일 일을 위하여 염려하지 말라
내일 일은 내일이 염려할 것이요
한 날의 괴로움은 그 날로 족하니라 마 6:34

20

20

20

요즘 가족들과 잘 지내고 있어?

가족들에게 너는 어떤 사람이야?

20

20

20

현실에서 도망치고 싶었던 적이 있었어?

20

20

20

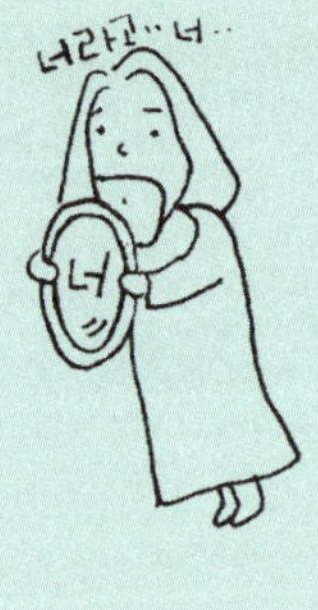

우리는 예수님을 믿지 못하고
계속 확인받고 싶어 한다.

최근에 내 뜻인지 아닌지
의심스러웠던 일이 있었어?

20

20

20

싫어하거나 미워하는 사람이 있니?
그를 위한 기도를 시작하렴.

20

20

20

여호와여 주의 이름을 아는 자는 주를 의지하오리니
이는 주를 찾는 자들을 버리지 아니하심이니이다 시 9:10

20

20

20

너는 이성을 볼 때 어떤 점을 많이 봐?

20

20

20

내가 늘 너와 함께한다는 것이 위로가 되면 좋겠는데,

혹시 부담될 때도 있니?

20

20

20

교회 안에서 상처받은 일이 있어?

20

20

20

이번 주에 친구나 가족에게 어떤 이야기를 했니?

내게도 해줄래?

20

20

20

이번 주에 친구나 가족에게 어떤 이야기를 했니?

내게도 해줄래?

내가 사망의 음침한 골짜기로 다닐지라도
해를 두려워하지 않을 것은
주께서 나와 함께하심이라 시 23:4

20

20

20

네가 겪은 가장 힘든 고난, 고통이 뭐야?
그것을 통해 얻은 것은?

20

20

20

상대의 믿음 하나만 보고 결혼할 수 있겠니?

20

20

20

나에게 아직도 감추고 있는 것이 있다면
솔직히 고백해보렴.

20

20

20

오늘은 복음이 전해지지 않은 나라를 위해
기도해보는 시간을 가져보렴.

20

20

20

인생에서 최고의 가치가 뭐라고 생각해?

20

20

20

인생에서 최고의 가치가 뭐라고 생각해?

만군의 여호와께서 맹세하여 이르시되
내가 생각한 것이 반드시 되며
내가 경영한 것을 반드시 이루리라 사 14:24

20

20

20

12월 15일

오늘은 제일 먼저 뭘 위해 기도했어?

20

20

20

오늘은 제일 먼저 뭘 위해 기도했어?

고통당하는 그리스도인들을 볼 때
마지막 때를 생각하니?

20

20

20

버스를 탔는데 의자 밑에 있는
다이아몬드 반지를 발견했다면?

20

20

20

대한민국에서 살아가는 것이
불만인 적 있었어?

20

20

20

올해 가장 잘했다고 생각한 일이 뭐야?

20

20

20

너의 연약함이 뭐라고 생각해?

20

20

20

12월 20일

너의 연약함이 뭐라고 생각해?

주께서 심지가 견고한 자를
평강하고 평강하도록 지키시리니
이는 그가 주를 신뢰함이니이다 사 26:3

20

20

20

그동안 내게 궁금했던 것들이 있다면
어서 말해보렴.

20

20

20

12월 23일

가장 순종하기 어려웠던 일은?

20

20

20

너를 이끌어주는 믿음의 선배나 동료에게
감사를 전해보렴.

20

20

20

너에게 크리스마스(성탄)는 어떤 의미야?

20

20

20

너에게 크리스마스(성탄)는 어떤 의미야?

너는 사랑을 주는 쪽이니
사랑을 받는 쪽이니?

20

20

20

12월 26일

너는 사랑을 주는 쪽이니
사랑을 받는 쪽이니?

12월 27일

죽는 것이 두렵니?
죽음에 대해 어떻게 생각해?

20

20

20

하나님께서 보내신 이를 믿는 것이
하나님의 일이니라 요 6:29

20

20

20

천국을 소망하고 있니?
천국을 진짜 네 집이라고 생각하고 있어?

20

20

20

1년 동안 대화하면서 어땠어?
그중에 기억나는 질문은?

20

20

20

1년간 네 신앙의 흐름을 체크해보렴.

20

20

20

12월 31일

1년간 네 신앙의 흐름을 체크해보렴.

MEMO

Name.

Mobile.

E-mail.

Address.

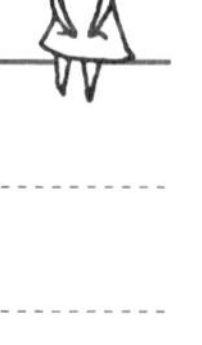

오늘도 잘 지냈어?

초판 1쇄 발행	2016년 11월 25일
엮은이	편집부
펴낸이	여진구
책임편집	3팀 ǀ 안수경, 유혜림
편집	1팀 ǀ 이영주, 김수미 2팀 ǀ 최지설 4팀 ǀ 김아진
디자인	이혜영 ǀ 마영애, 노지현
기획 · 홍보	김영하 해외저작권 김나은
마케팅	김상순, 강성민, 허병용 마케팅지원 최영배
제작	조영석, 정도봉 경영지원 김혜경, 김경희

이슬비전도학교   최경식, 전우순   303비전성경암송학교   박정숙, 정나영
303비전장학회 & 303비전꿈나무장학회   여운학

펴낸곳   규장

주소   06770 서울시 서초구 매헌로 16길 20(양재2동) 규장선교센터
전화   02)578-0003   팩스   02)578-7332
이메일   kyujang0691@gmail.com   홈페이지   www.kyujang.com
트위터   twitter.com/_kyujang   페이스북   facebook.com/kyujangbook
등록일   1978.8.14. 제1-22

일러스트 ⓒ 유혜림
이 출판물은 저작권법에 의해 보호를 받는 저작물이므로 무단 전재와 무단 복제를 할 수 없습니다.

책값   뒤표지에 있습니다.
ISBN   978-89-6097-477-7 03230

규 ǀ 장 ǀ 수 ǀ 칙

1. 기도로 기획하고 기도로 제작한다.
2. 오직 그리스도의 성품을 사모하는 독자가 원하고 필요로 하는 책만을 출판한다.
3. 한 활자 한 문장에 온 정성을 쏟는다.
4. 성실과 정확을 생명으로 삼고 일한다.
5. 긍정적이며 적극적인 신앙과 신행일치에의 안내자의 사명을 다한다.
6. 충고와 조언을 항상 감사로 경청한다.
7. 지상목표는 문서선교에 있다.

하나님을 사랑하는 자 곧 그의 뜻대로 부르심을 입은 자들에게는 모든 것이 合力하여 善을 이루느니라(롬 8:28)

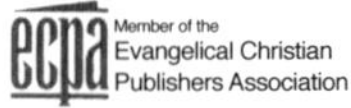

규장은 문서를 통해 복음전파와 신앙교육에 주력하는 국제적 출판사들의 협의체인 복음주의출판협회(E.C.P.A:Evangelical Christian Publishers Association)의 출판정신에 동참하는 회원(Associate Member)입니다.